© 2023, Buzz Editora

Publisher ANDERSON CAVALCANTE
Editora TAMIRES VON ATZINGEN
Assistentes editoriais FERNANDA FELIX, LETÍCIA DUARTE
Projeto gráfico ESTÚDIO GRIFO
Assistentes de design LETÍCIA ZANFOLIM, NATHALIA NAVARRO
Pesquisa iconográfica LETÍCIA DUARTE

*Nesta edição, respeitou-se o novo Acordo Ortográfico
da Língua Portuguesa.*

**Dados Internacionais de Catalogação na Publicação (CIP)
de acordo com ISBD**

Cavalcante, Anderson
Meu pai, meu herói /Anderson Cavalcante.
São Paulo: Buzz Editora, 2023.
112 p.

ISBN 978-65-5393-084-1

1. Homenagem 2. Pais e filhos 3. Pais e filhos –
Relacionamentos 4. Paternidade I. Título.

23-160300   CDD 649.64

Elaborado por Aline Graziele Benitez, CRB 1/3129
Índice para catálogo sistemático:
1. Pais e filhos 649.64

Todos os direitos reservados à:
Buzz Editora Ltda.
Av. Paulista, 726, Mezanino
CEP 01310-100, São Paulo, SP
[55 11] 4171 2317
www.buzzeditora.com.br

Anderson Cavalcante

MEU PAI,

meu herói

Ao meu pai, Eraldo, meu herói e minha referência de vida.

AGRADECIMENTOS

A Deus, por sempre me ajudar a cumprir minha missão.

A todos os pais que são exemplos para os seus filhos.

A todos os filhos que reconhecem a importância dos ensinamentos de um pai.

Aos meus filhos, Matheus e Bernardo, por darem um novo significado à minha vida e me ensinarem a ser uma pessoa melhor todos os dias.

À Tabata, que tornou meu sonho de ter uma família realidade. Te amo.

UM MOMENTO ESPECIAL

Faz alguns anos desde que publiquei *Meu pai, meu herói* pela primeira vez, e eu não poderia deixar de registrar minha felicidade por lançar esta nova edição, agora como pai de dois meninos que são a razão da minha vida. Quando escrevi este livro, eu o fiz com o olhar de um filho que desejava agradecer e demonstrar todo o carinho por essa figura tão importante em nossa vida. Hoje revisito estas páginas com um olhar mais amplo, pois agora também sou pai.

Como é bom acordar sabendo que existe alguém que veio de você para compartilhar a experiência da vida e do viver. Como é bom conhecer o poder de um singelo sorriso capaz de recarregar suas baterias depois de um dia de trabalho. Como é bom receber um presente de Deus e saber que Ele me ama.

Meu pai sempre me disse que eu só iria entender o que é amor incondicional quando tivesse um filho, e ele estava certo. O filho desperta em nós uma outra dimensão do amor: é quando

você descobre e sente na pele o que é amar de forma incondicional. Esse amor que aguça os nossos sentimentos e nos faz descobrir o quanto somos capazes de viver intensamente cada precioso momento da vida.

Agradeço a você que busca viver essas experiências ao lado das pessoas que ama e que procura compartilhar o amor através de pequenos gestos repletos de significado. Desejo que esta edição possa levar ainda mais carinho para a relação entre você e seu pai.

Que assim seja.

INTRODUÇÃO

Falar do amor que a gente sente pelo nosso pai é um gesto de generosidade e gratidão que às vezes fica de lado, entre aquelas coisas que julgamos essenciais na teoria, mas que, no dia a dia, são difíceis de colocar em prática.

Modelo, exemplo, espelho. Dele herdamos muito do que somos, ainda que, de vez em quando, num viés invertido. É dele a mão firme que molda nosso caráter, sustenta nossas convicções e apaga nossas fraquezas, mostrando que a vida pode ser um exercício contínuo de aprendizado e aprimoramento.

Porém, ainda hoje, com toda a transformação dos dias atuais, são muitos os pais que passam a maior parte do tempo fora de casa para nos proporcionar a segurança e o conforto de que precisamos desde o nascimento até nos sentirmos fortes o bastante para ganhar o mundo.

Então, o amor que sentimos... bem, o amor que sentimos fica guardado lá, num cantinho do coração, e a gente fica achando que não precisa dizer claramente, afinal ele já sabe...

É... Mas uma palavra de amor, dita no tom certo, no momento exato, pode fazer uma existência inteira valer a pena! Talvez tudo o que seu pai esperou ou espera ouvir de você seja um sincero e verdadeiro "obrigado" ou "eu te amo".

É por isso que este livro – repleto de palavras plenas de afeto, ternura e gratidão – talvez seja uma boa forma de simbolizar o amor que você sente, mas nunca, ou pouquíssimas vezes, demonstrou ao seu pai.

Não perca esta chance. Comece agora a retribuir todo o amor que você recebeu do primeiro homem mais importante da sua vida. Diga em alto e bom som tudo o que ele é para você. Tenho certeza de que o vínculo existente entre vocês se tornará ainda mais forte.

COMO TODA CRIANÇA,
EU QUIS TER UM PAI.

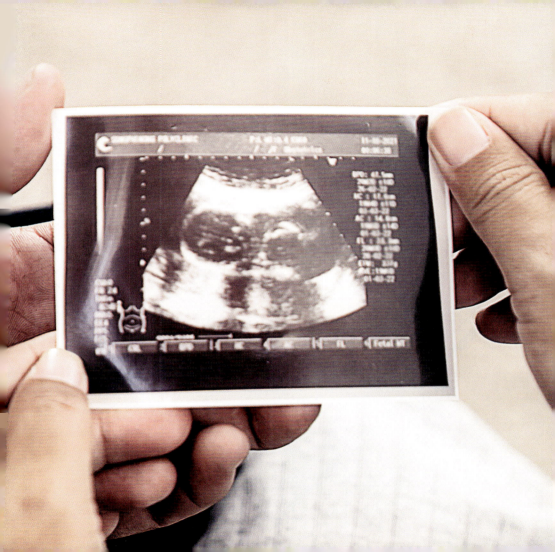

UM PAI QUE FIZESSE OS MEDOS DO MUNDO SE REDUZIREM AO TAMANHO DE UMA FORMIGA.

ALGUÉM *mágico*

A PONTO DE TRANSFORMAR A *vida*

NUM RIO MARGEADO DE *alegria*

E COM AS CORES DO *arco-íris*.

MAS DEUS ME DEU MUITO MAIS!

MANDOU UM ANJO PROTETOR GIGANTE PARA FICAR AO MEU LADO.

COM ASAS EM FORMATO
DE MÃOS, PARA AMORTECER
MEUS TOMBOS E ME
ACARICIAR OS CABELOS NAS
NOITES INSONES.

COM OLHOS DE LINCE, PARA IDENTIFICAR OS ESPINHOS NO MEU CAMINHO.

EU SEI QUE NÃO DEVE TER SIDO FÁCIL PARA VOCÊ, NO INÍCIO, LIDAR COM O MEDO E A DELÍCIA DE SE DESCOBRIR PAI.

SERÁ QUE EM ALGUM MOMENTO DA VIDA A GENTE ESTÁ PREPARADO PARA ASSUMIR UM PAPEL COM TANTAS EXIGÊNCIAS?

MAS SUA RESPIRAÇÃO SUSPENSA AO OUVIR MEU CORAÇÃOZINHO BATER EM SEUS BRAÇOS SUPEROU TODAS AS EXPECTATIVAS.

TALVEZ ESSE AMOR TENHA SE FORTALECIDO COMO DESPERTAR DA SUA CONSCIÊNCIA PARA A FRAGILIDADE DA VIDA.

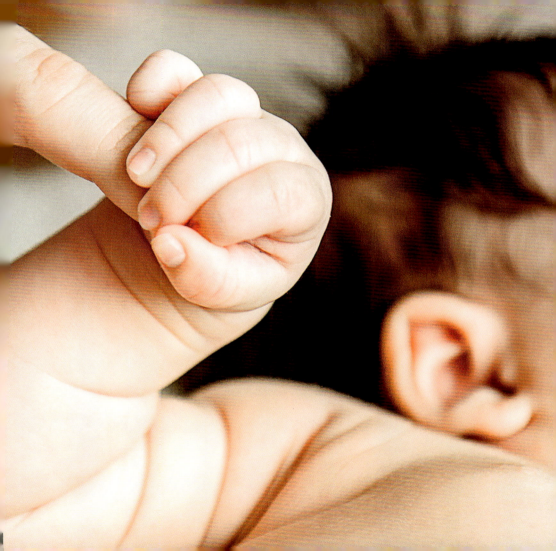

DESDE ENTÃO, PAI, VOCÊ SE COLOCOU EM SEGUNDO PLANO,

CEDENDO TUDO O QUE TINHA, E O QUE NÃO TINHA, PARA MIM.

ATÉ A MAMÃE PASSOU A SER DE NÓS DOIS!

TAMBÉM TEVE QUE APRENDER A FAZER COISAS QUE NINGUÉM HAVIA ENSINADO A VOCÊ, PARA QUE EU PUDESSE APROVEITAR APENAS O LADO BOM DA VIDA.

SEI QUE VOCÊ NÃO
MEDIU ESFORÇOS PARA
QUE NADA ME FALTASSE.

TRABALHOU DOBRADO PARA ME PROPORCIONAR CONFORTO.

TENHO GUARDADOS, AQUI NUM CANTINHO MISTERIOSO DO MEU CORAÇÃO, OS ALTOS PAPOS QUE VOCÊ BATIA COMIGO.

É POR ISSO QUE NO SEU COLO EU SEMPRE ME SINTO TRANQUILO E SEGURO.

MAS TENHO
QUE RECONHECER
QUANTO EU
TUMULTUEI A
SUA VIDA!

ABUSEI DA SUA
BONDADE!

TIREI SUAS NOITES TRANQUILAS DE SONO…

QUANTAS MADRUGADAS VOCÊ PASSOU, EXAUSTO, DORMINDO NA BEIRADA DA CAMA,

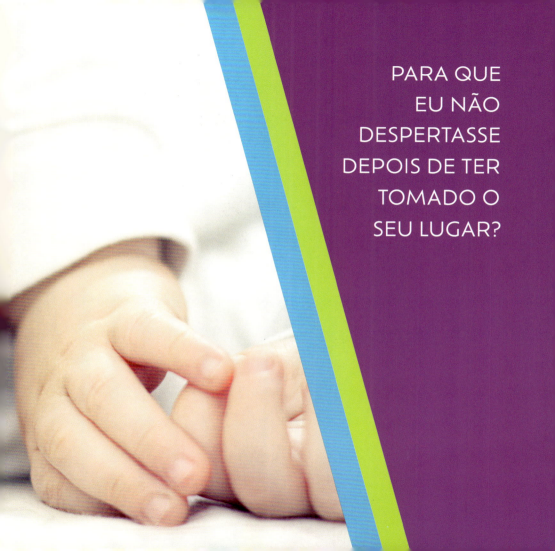

E TANTAS OUTRAS TORCEU PARA QUE EU DORMISSE E VOCÊ TIVESSE UM TEMPINHO PARA SE DIVERTIR.

MAS BASTOU QUE EU CRESCESSE UM POUCO PARA VOCÊ SE SENTIR RECOMPENSADO.

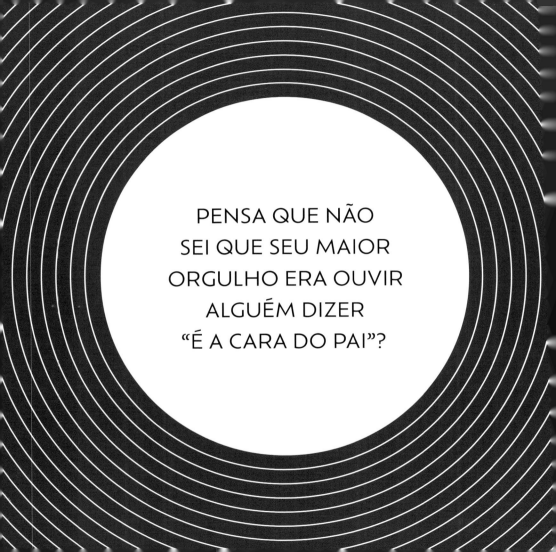

PENSA QUE NÃO SEI QUE SEU MAIOR ORGULHO ERA OUVIR ALGUÉM DIZER "É A CARA DO PAI"?

E, PARA MIM, PAI, VOCÊ SE TRANSFORMOU NO ESPELHO DO QUE EU QUERIA SER…

O EXEMPLO QUE EU QUERIA SEGUIR.

PORQUE DESDE
QUE EU ERA PEQUENO
VOCÊ ME ENSINAVA
AS COISAS MAIS
IMPORTANTES DA VIDA...

É VERDADE QUE, ALGUMAS VEZES, ANTES MESMO QUE EU ESTIVESSE PRONTO PARA LIDAR COM ELAS.

A IDEIA DE
QUE HOMEM
NÃO CHORA…

SÓ DE VEZ EM QUANDO:

SE O TIME DA GENTE PERDE, SE A PESSOA QUE A GENTE AMA SOFRE, SE VAI EMBORA, SE…

SUA LIÇÃO DE
QUE PRECISAMOS
PROTEGER QUEM
A GENTE AMA...

DE QUE EU TENHO QUE ESTUDAR SEMPRE. AFINAL, A VIDA SÓ FAZ SENTIDO SE A GENTE APRENDE ALGO NOVO TODOS OS DIAS.

DE QUE NÃO DEVO ABRIR MÃO DA MINHA INDEPENDÊNCIA, DE TER UMA CARREIRA, DE SER CAPAZ DE ME SUSTENTAR.

NÃO SEI SE JÁ DISSE
ISSO A VOCÊ, MAS A MELHOR
HORA DO DIA ERA QUANDO
EU OUVIA O SOM DAS SUAS
CHAVES DO OUTRO LADO
DA PORTA.

E O ABRAÇO GIGANTE E DELICIOSO QUE SEMPRE VINHA DEPOIS...

AQUELE SEU JEITO DE ME ABRAÇAR, DE OLHAR PARA MIM...

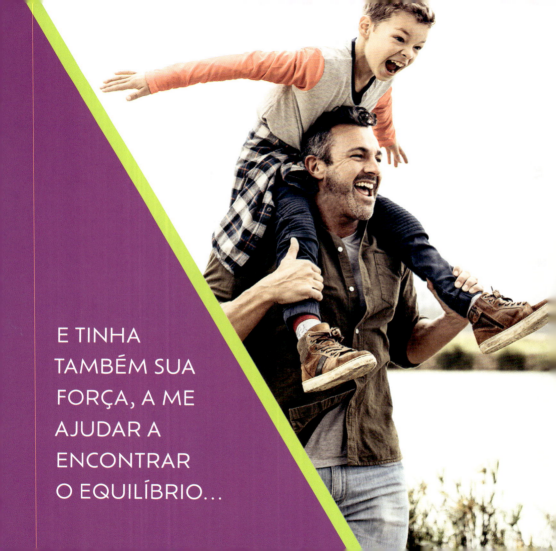

E TINHA TAMBÉM SUA FORÇA, A ME AJUDAR A ENCONTRAR O EQUILÍBRIO...

SEM CONTAR, PAI,
A CONFIANÇA
QUE VOCÊ TINHA
NAS MINHAS
HABILIDADES.

E SUA TORCIDA INCONDICIONAL PARA QUE EU SUPERASSE MEUS LIMITES.

MUITAS VEZES, AO VIBRAR COM AS MINHAS VITÓRIAS, VOCÊ SE ESQUECEU DO SEU PRÓPRIO MÉRITO.

VOCÊ ACREDITOU EM MIM QUANDO NEM EU ACREDITAVA.

———

É, VOCÊ FOI MEU HERÓI, MEU BANDIDO!

———

A PERCEBER QUE TUDO NA VIDA TEM CONSEQUÊNCIA…

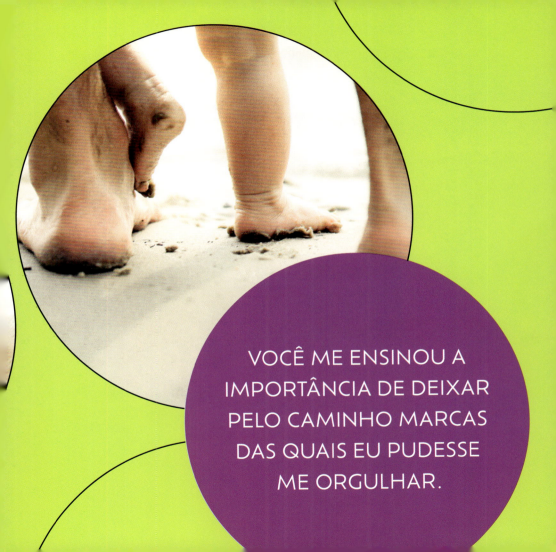

VOCÊ ME FEZ PERCEBER
QUE NEM TUDO QUE NÃO
VEMOS NÃO EXISTE.

QUE NUNCA É TARDE
PARA FAZER A COISA
CERTA OU DESCOBRIR
DO QUE A GENTE
REALMENTE GOSTA.

QUE NINGUÉM É TÃO MAU
COMO PARECE NEM TÃO BOM
COMO DEMONSTRA SER.

QUE O BARATO DA VIDA É DEITAR A CABEÇA NO TRAVESSEIRO E PODER DORMIR TRANQUILO, SEM NENHUM PESO NA CONSCIÊNCIA.

VOCÊ NÃO SABE QUANTO ISSO FORTALECEU MINHA AUTOCONFIANÇA!

POR ISSO, VOCÊ É,
PARA MIM, A MEDIDA
DE TODAS AS COISAS.

AGRADECEREI ETERNAMENTE
POR VOCÊ TER ME EDUCADO
E ME ENSINADO A ENCONTRAR
MEUS VALORES.

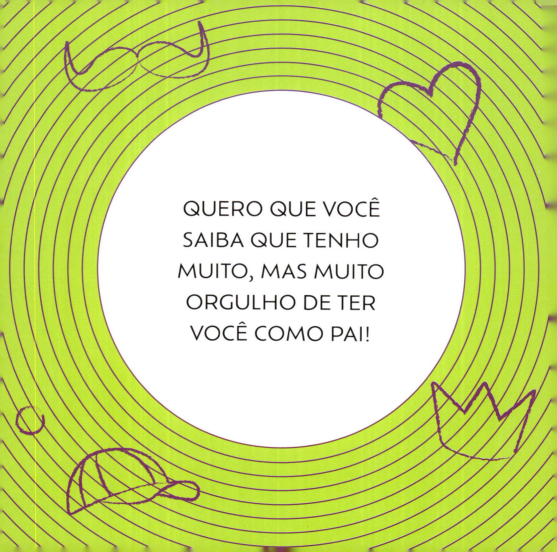

VOCÊ TAMBÉM PODE FAZER PARTE DESTA HISTÓRIA. ESTA PÁGINA É SUA!

Escolha uma foto com seu pai que represente um momento importante para vocês e cole aqui.

Anderson Cavalcante é empresário, escritor, filho e agora um pai que busca praticar no dia a dia as mensagens expressas aqui.

CRÉDITOS DAS IMAGENS

Acervo pessoal do autor: Dri Bresciani: pp. 18, 92, 110.
Adobe Stock: paulaphoto: pp. 16-17 | georgerudy: p. 20 | Vitalinka: p. 25 | o_lypa: p. 28 | EVERST: p. 41, 100 | Anna Goroshnikova: pp. 42-43 | kaloriya: p. 48 | Вячеслав Думчев: p. 53 | Anastasiya: p. 54 | anoushkatoronto: p. 55 | troyanphoto: p. 58 | Photocreo Bednarek: p. 59 | anatoliy_gleb: p. 63 | piai: p. 64 | peopleimages.com: p. 65, 66 | Jacob Lund: p. 72, 76 | Prostock-studio: p. 73 | Alinute: p. 79 | PinkCoffee Studio: 84 | Halfpoint: pp.96-97 | Drazen: p. 103 | Miljan Živković: p. 105
iStock: manonallard: p. 22 | Ondrooo: p. 23 | AJ_Watt: p. 26 | Tatiana Dyuvbanova: p. 27 | Miljan Živković: p. 29 | AleksandarNakic: p. 30 | jansucko: p. 31 | pictórico: p. 34 | monkeybusinessimages: p. 35 | OcusFocus: p. 36-37 | zlikovec: p. 40 | Lopolo: p. 45 | YakobchukOlena: p. 45 | olesiabilkei: pp. 46-47, 82 | Orbon Alija: p. 51 | triocean: p. 62 | Prostock-Studio: p. 68 | eclipse_images: p. 69, 71 | Nancy Honey: p. 70 | onebluelight: p. 78 | Halfpoint: p. 83 | fizkes: p. 89 | NeoPhoto: p. 94 | Liderina: p. 94 | kieferpix: pp. 106-107
Shutterstock: Helen Sushitskaya: pp. 32-33 | STEKLO: p. 38 | Drazen Zigic: p. 39 | Lopolo: p. 44 | In The Light Photography: p. 49 | JPRFPhotos: p. 52 | DenisProduction.com: pp. 56-57 | Puhach Andrei: pp. 60-61 | Anna Kraynova: p. 74 | LightField Studios: p. 75 | Jacob Lund: p. 77 | Art_Photo: pp. 80-81 | Valeriya Anufriyeva: p. 85 | Morrowind: p. 87 | Chernysheva Anna: p. 91 | altanaka: p. 93 | Odua Images: pp. 98-99

FONTES Antwerp, Ofelia, Ms Madi
PAPEL Couchê brilho 115 g/m^2
IMPRESSÃO Gráfica Terrapack